A interpretação

PSICANÁLISE PASSO-A-PASSO
Direção: Marco Antonio Coutinho Jorge

Ver lista de títulos no final do volume

Laéria Fontenele

A interpretação

ZAHAR

Jorge Zahar Editor Ltda.
rua Marquês de S. Vicente 99 – 1º | 22451-041 Rio de Janeiro, RJ
tel (21) 2529-4750 | fax (21) 2529-4787
editora@zahar.com.br | www.zahar.com.br

Capa: Sérgio Campante
Composição eletrônica: TopTextos Edições Gráficas Ltda.

CIP-Brasil. Catalogação-na-fonte
Sindicato Nacional dos Editores de Livros, RJ.

Fontenele, Laéria Bezerra
F759i A interpretação / Laéria Bezerra Fontenele. — Rio de Janeiro: Zahar, 2002.
(Passo-a-passo; 12)

ISBN 978-85-7110-675-8

1. Freud, Sigmund, 1856-1939. 2. Lacan, Jacques, 1901-1981. 3. Interpretações psicoanalíticas. 4. Psicanálise. I. Título. II. Série.

CDD: 150.195
02-1292 CDU: 159.964.2

Sumário

Freud explica!	7
Singularidade da interpretação em psicanálise	10
Os sonhos e sua interpretação	14
A realização do desejo	23
As construções em análise	30
Lacan: a interpretação ao pé da letra	37
"Eu não procuro, acho!"	44
Referências e fontes	57
Leituras recomendadas	60
Sobre a autora	61

Freud explica!

Dois enunciados são, amiúde, repetidos em nosso cotidiano: "Freud reduz tudo ao sexual" e "Freud explica". Eles revelam a maneira pela qual nossa cultura representa para si mesma dois núcleos fundamentais de tematização encontrados na obra de Freud: a sexualidade e a interpretação. O Freud *pansexualista* se entrecruza com o Freud *intérprete*. Essa maneira de assimilar a obra de Freud demonstra a capacidade da transmissão cultural em neutralizar as proezas dos grandes gênios, esses seres não muito normais, transformadores dos sentidos estabilizados, que surgem, vez por outra, para perturbar o sono da verdade oficial.

Figurando agora entre os Grandes Homens que mudaram o rumo da humanidade, o velho e querido Freud de hoje em nada lembra o judeu que foi tantas vezes humilhado e ridicularizado por expor suas teses sobre o inconsciente e o determinismo sexual das neuroses. Mas constar na galeria dos gênios tem seu preço: a banalização e a distorção das idéias.

Assim, a decantação cultural do conceito de interpretação em psicanálise pode ser observada a partir dos contextos nos quais surgem as referências ao "Freud explica".

Quando, em uma conversa trivial, alguém é atropelado pelo seu próprio dizer e apresenta um esquecimento, um lapso de linguagem ou um ato falho, costuma-se ouvir a clássica sentença: "É... Freud explica!".

Se aquele que disse mais do que pretendia dizer fica quase sempre embaraçado, e às vezes enrubesce, a reticência daquele que interpelou insinua motivações secretas. Se toda reticência faz o silencio falar, nesse caso ela alude ao sexual. Embora a ordem sexual não seja nomeada de forma direta no dito reticente, é por seus efeitos que se observa sua pertinência. Aqui, há uma alusão não só à capacidade interpretativa de Freud como também à ligação com o sexual. Mas se o sentido e o sexual se acham estreitamente vinculados para Freud, é preciso saber o alcance, bem diferente do habitual, que esses dois elementos apresentam para ele.

O lugar construído para Freud na cultura é o de ser o único a possuir um saber capaz de dar conta do que não pode ser dito de uma forma direta. O fantasma de Freud, sua presença mítica, de cunho oracular, paira sobre a nossa cultura, de quem ele é o analista mítico. O que não impede que a cultura ofereça outros oráculos: horóscopos que fazem do sujeito uma determinação da posição dos astros, explicando suas mazelas, desculpando seu humor, oferecendo-lhe ou negando-lhe amor. Cartas, runas, búzios, capazes de prever seu futuro e demarcar seus impasses. Cores, cristais, agulhas, aromas e fluidos que se ofertam como terapêuticas para o desequilíbrio de sua energia corpórea e espiritual. As mais diversas religiões oferecem a tradução de sua dor através de seus ritos e dogmas.

Longa é a lista, inumerável o seu desdobrar. O estranho é que a cultura também faça surgir, nessa mesma série, a psicanálise, ainda que Freud jamais tenha prometido a solução definitiva da fantasia. A cultura, necessariamente, a compreende; e sua eliminação seria o retorno à condição animal, de ser natural. Embora não tenha proposto a completa depuração das ilusões que fazem do homem esse animal visual e prenhe de imaginação, nem haja apontado soluções universais para a problemática humana, Freud não é um niilista; apenas recusou as utopias alienantes.

Quanto ao sujeito, Freud mostrou sua divisão ligada ao *sexo*, sobre o qual a sabedoria da língua revela que se relaciona à *secção*, à *partição*. A divisão do sujeito é o resultado da impossibilidade de inscrição da diferença sexual no inconsciente. A suposição originária de um único atributo sexual, onipresente nas crianças, decai na medida em que estas constatam sua inexistência no Outro sexo. Constatação traumática, ou seja, que implica a falta de sentido e promove a produção de um saber, a construção do que Freud chamou de as *teorias sexuais infantis*.

A psicanálise freudiana tornou o objeto da sexualidade o agente de seu saber, o seu verdadeiro oráculo. Longe do cultivo de qualquer assepsia moral ou ortopedia comportamental, sua prática visa à ética do desejo, e Freud descobre a fala como portadora de seu tema. Nos tratamentos que passou a conduzir, aceitou colocar-se na posição de objeto de amor, provocando a estranheza de seus colegas, para revelar que sem o amor não há sentido nem saber possível.

Pois a transferência (e o amor nela implicado) é o que dá acesso ao saber do inconsciente.

Iluminista do desejo, Freud revela, no cerne de sua descoberta, o sexual e o furo a ele inerente, não suas insígnias. O sentido está sempre ligado ao sexual e sofre de infantilismo. E é do sexual que a interpretação retira a matéria-prima de seu trabalho e sua força propulsora.

Singularidade da interpretação em psicanálise

Em suas considerações acerca de Descartes, motivado pela comemoração dos trezentos anos do *Discurso do método*, Alexandre Koyré afirmou que três séculos representariam muito tempo para uma vida, mas muito pouco para a história da filosofia. O que dizer, então, da invenção freudiana que apareceu há um século?

Fundada em 1900, a psicanálise utiliza a mesma nomenclatura conceitual de então para nomear algo fundamentalmente heterogêneo aos saberes científico e filosófico. Este último apresenta, por sua vez, uma longa tradição a respeito da interpretação. Mas há uma especificidade, na função e no estatuto da interpretação psicanalítica, que a distingue da posição que ocupa no círculo hermenêutico da filosofia, de seu valor exegético para a compreensão dos textos sagrados e de seu sentido científico. Cada um deles, por apresentarem inúmeras versões (não há uma única religião, nem uma única ciência, tampouco uma única filosofia), mereceria um extenso desdobramento que, no entanto, não caberia realizar nesse contexto. Digamos apenas que cada um desses discursos apresenta um modo de produção de suas verdades e neles a função da interpretação terá determinada pertinência.

O discurso religioso funda-se sobre um sistema de crenças na divindade ou no sobrenatural. A referência a um código de gestos lhe é inerente, código que, para ser o detentor da verdade sobre as questões humanas, é apoiado em dogmas. A produção da verdade por meio de dogmas prescinde de demonstrações racionais ou de comprovações por leis naturais. Sua pertinência é assegurada pela manifestação da maravilha divina. A ação interpretativa se debruça sobre tais códigos; e o intérprete emerge, iluminado.

O discurso filosófico tem como meta construir uma fundamentação última da ação humana e da possibilidade do conhecimento. A busca do saber orienta-se por meio da investigação de pressupostos de base e desse exame resulta a produção de uma visão de mundo, cuja condição é a interpretação. A semelhança com o discurso religioso é evidente na medida em que a verdade engendrada possuiria valor universal, embora o fundamento racional a especifique em sua diferença.

O discurso da ciência, por sua vez, tem a pretensão de produzir um conhecimento verdadeiro sobre o real. A tentativa de apropriação científica de seus objetos, de sua explicação racional, procura estabelecer relações universais e necessárias entre eles.

No discurso da psicanálise, o analista, na posição de objeto, convoca um sujeito particular a produzir um saber sobre sua verdade; saber que, por ser absolutamente singular, tem nesse limite seu valor universal. Resultam dele micronarrativas que não geram nenhuma cosmovisão e são, por isso mesmo, heterogêneas aos discursos religioso e filosófico. Tal saber difere igualmente do científico, pois deste está banida a possibilidade de o objeto interpretado ser ele mesmo interpretante.

Freud promoveu uma radical alteração no conceito de símbolo, marcando consideravelmente o pensamento moderno acerca da interpretação. Dois pensadores contemporâneos, Paul Ricoeur e Michel Foucault, apesar de suas diferenças teóricas e metodológicas, reconhecem em Freud — ao lado de Marx e de Nietzsche — um dos principais responsáveis pela revalorização das práticas interpretativas. Para eles, Marx, Nietzsche e Freud colocaram sob suspeita o primado do objeto e o império da consciência, além de questionarem a função representativa da linguagem ao exporem o símbolo em suas fraturas e em seu caráter polissêmico.

Ricoeur e Foucault atribuem a eles a responsabilidade pela formação de uma inusitada hermenêutica, no sentido de que, ao negarem ao símbolo a unicidade, fomentaram a noção de uma interpretação inacabada, não sendo possível recobrar o sentido da origem, o começo absoluto. Os três pensadores manifestariam, em seus sistemas de pensamento, um laço com algo que salienta que a própria condição da interpretação não é aleatória e guarda uma invariante: todas as culturas, em diversas épocas, cultivam um sistema de interpretação, de acordo com determinados códigos. Esse traço revela a vinculação entre interpretação e suspeita: se há o que interpretar é porque há uma dissimetria própria à linguagem, porque paira sobre a linguagem uma desconfiança. Ela parece dizer algo diferente do que diz — esta parece ser a possibilidade que daria consistência às práticas interpretativas em geral. Uma certa paranóia (em sua acepção de buscar um sentido referente a algo e sistematizá-lo) parece acompanhar as práticas interpretativas, a ponto de elas indagarem o próprio alcance da linguagem, seus procedimentos verbais: há fala no silêncio? Há coisas que dizem sem falar?

Freud, Marx e Nietzsche teriam potencializado essa desconfiança e a tornado evidente. Passam a ser considerados como os criadores de uma nova hermenêutica: a da *suspeita* — que assumiria, particularmente para Ricoeur, a função de reduzir as ilusões filosóficas. E, no caso de Freud, possuiria, além disso, a possibilidade de fornecer os elementos para uma hermenêutica da cultura.

Mesmo considerando-se tais semelhanças, tais elementos comuns, entre três mestres que se insurgiram contra uma hermenêutica compreensiva, há especificidades de cada um. No caso de Freud, particularmente, há algo que impede assimilá-lo a essa hermenêutica da suspeita. Quanto aos nexos entre interpretação e inconsciente, Freud nos oferece uma constatação da oposição entre dois níveis de expressão do pensamento do sonho — latente e manifesto — e a irredutibilidade de um conflito inerente à realização do trabalho do sonho e, conseqüentemente, ao da interpretação.

Quanto à interpretação em psicanálise, levando-se em conta as formações do inconsciente em sua busca reiterada de satisfação, não é a comprovação da existência de uma alteridade do sentido o que se torna central. Mesmo porque o trabalho que permite o deslocamento do latente ao manifesto não seria a expressão de uma essência, e sim a existência de uma "materialidade formal" que produz o sentido por meio de uma lógica inconsciente autônoma. Freud já insistia em que seu trabalho não se assemelhava a uma racionalidade hermenêutica, nem a uma lógica da suspeita, o que pode ser ilustrado por seu comentário a respeito de sua auto-análise: "Tive sucesso onde o paranóico fracassa."

Os sonhos e sua interpretação

Freud, mais do que ninguém, preocupado que sempre esteve em fazer a sua descoberta constar na galeria das ciências modernas, procurou diferenciá-la das existentes. Aliás, pelo menos no que dizia respeito à sua escrita, sempre esteve em sincronia com os propósitos iluministas da modernidade, marcada por características estilísticas singulares, visando à clareza e à justa transmissão de suas teses.

Ao apresentar em 1900 o conceito de interpretação em sua forma nascente, tomou todos os cuidados para transmiti-lo a seu leitor de modo a que não pairassem quaisquer dúvidas quanto à sua pertinência com aquilo que lhe mostrara a clínica psicanalítica: a ultrapassagem do sistema consciente por um outro, dotado de leis próprias — o inconsciente.

Dentre os recursos de que se utilizou para isso, destaca-se a construção de um movimento argumentativo que tratava de evidenciar que suas teses, sobre a interpretação dos sonhos, eram absolutamente originais, e não produto da influência do senso comum ou de alguns de seus pares cientistas.

Freud, ao edificar a distinçao entre seu método de interpretação dos sonhos em relação aos demais, salienta três técnicas totalmente distintas da sua. Observemos, a seguir, cada uma delas.

Na primeira, o sonho seria apenas um processo de valor somático, enquanto para ele assumiria o sentido de um ato anímico, que possuiria todas as prerrogativas dos demais, sendo partícipe da economia subjetiva do sujeito.

Na segunda, o sonho seria portador de um simbolismo, presente no âmago de seu conteúdo, e, que por ser enigmático, mereceria a intervenção de alguém dotado de uma arte interpretativa, capaz de lhe fornecer o sentido substituindo um conteúdo por outro. O advir do sentido dependeria dos talentos especiais do intérprete e em nada da pessoa que o sonhou. Nessa concepção, reside a idéia de que o sonho quer dizer alguma coisa ao seu produtor a partir da transmissão simbólica de uma mensagem, o que resultará diverso da concepção freudiana, segundo a qual a interpretação do sonho revela, ao contrário, que o sonho não traria consigo a finalidade de servir aos propósitos comunicativos, pois seu sentido se revelaria, antes, por meio do sem sentido.

Na terceira, o sonho seria uma "escritura cifrada", em que cada um de seus signos remeteria a um sentido denotativo fixo; ou seja, um tipo de interpretação que suporia uma espécie de dicionário, ou livro dos sonhos, no qual, por exemplo, sonhar com chuva significaria uma desgraça iminente, independentemente do contexto particular da produção do sonho e das condições subjetivas daquele que o sonhou. A crença num simbolismo universal daria consistência a essa técnica. Nela, o sonhador fornece apenas o conteúdo a ser decifrado, não participando, no entanto, de sua interpretação. Freud, ao contrário, demonstra que sua técnica depende não só do relato do sonho pelo sonhador, mas que sua execução está, sobretudo, subordinada às associações que este é capaz de realizar, e que, mesmo o simbolismo presente nas formações culturais — mitos, lendas, folclore, literatura, dentre outros — recebe em cada sujeito um tratamento especial, não sendo de nenhuma forma unívoco.

Numa variante dessa última forma de interpretação, Freud refere-se também ao método de decifração em que, ao contrário, o intérprete não se vale de um dom intuitivo; antes, privilegia o contexto compreendido pelo conteúdo do sonho, suas contingências e circunstâncias existenciais. Essa técnica teria por característica a consideração por cada fragmento do sonho, tidos, cada um deles, como detentores de um sentido próprio sob os quais se realizariam as associações do intérprete, as quais permitiriam a comunicação de seu significado ao relator do sonho.

Assim, por exemplo, sonhar com chuva poderia ser interpretado para um sujeito "X" como índice de uma desilusão amorosa, enquanto para "Y" sonhar com o mesmo elemento seria sinal de alegria; ou para "Z", o de uma grande mudança em sua vida. Dessa forma, as particularidades em causa evocariam diferentes associações no intérprete, o que resultaria num relativismo erguido ao sabor da imaginação.

Nesse caso, o método de Freud guardaria com ele apenas uma única semelhança: a consideração pela interpretação em detalhe dos fragmentos do sonho; no entanto, não os vê como portadores de um sentido em si. Os fragmentos são por ele tratados, mas sem perder de vista o modo pelo qual se articulam na produção do sentido do sonho, o que se observa pelo valor retrospectivo que cada um deles terá para a interpretação. Esta, além disso, resulta numa tarefa polissêmica e não relativista, uma vez que respeita as leis que regem a sua articulação, as quais independem de motivações existenciais ou psicológicas do intérprete e que encontram sua razão de ser no próprio modo de seu funcionamento anímico.

A concepção de Freud, diferentemente do método de decifração, não pressupõe que a interpretação seja uma tarefa capaz de totalização. Encontrar-se-ia, segundo ele, em todo sonho, um núcleo irredutível, o *umbigo do sonho*, ao qual não se poderia ter acesso. A interpretação admitiria uma abertura que, no entanto, não pode ser confundida com um jogo de sentido delirante.

Podemos, a partir dessas comparações, observar a recusa de Freud do reducionismo mecanicista da medicina de sua época, do determinismo de um simbolismo universal capaz de moldar os processos psíquicos e, por outro lado, de um relativismo arbitrário da recepção individual dos símbolos. A interpretação, de acordo com Freud, não consistirá no resultado de nenhuma abstração com vistas à realização do ser do sentido. Trata-se de um trabalho que realiza a desmontagem dos procedimentos pelos quais se dá a sua produção para a obtenção de seus propósitos metapsicológicos.

É importante observar que toda essa purificação conceitual, da qual Freud se ocupa para transmitir a singularidade de seu método de interpretação, dá-se a partir de novos critérios, os quais envolvem a transformação dos atos banais da alma humana em veículos da razão científica.

A partir dessa mudança, a psicanálise não irá mais considerar a interpretação como um trabalho de imersão nas profundezas da alma, que busca desvelar nela um sentido oculto e misterioso. Amplo é o número de psicanalistas a reiterarem esse dito. No entanto, parece que há obstáculos para a sua escuta. Talvez o próprio Freud tenha contribuído para isso ao se ocupar desses fenômenos, que, até a sua época, eram considerados indignos de tratamento científico. Antes dele, os fenômenos ordinários de nossa existência cotidiana não tinham qualquer valor demonstrativo de que a consciência é ultrapassada em nosso dizer por determinações a ela estranhas.

Ocupar-se de sonhos, de chistes, de lapsos de memória para expor que admitem a inteligibilidade da interpretação por comportarem, ao mesmo tempo, um sentido manifesto e um latente (considerados mais por sua divisão do que por sua duplicidade) significava libertá-los de seu sentido místico — a revelar a verticalidade de uma verdade transcendente — e, concomitantemente, de sua conotação de atos superficiais indignos de qualquer sentido profundo ou superior.

Mas não poderia ser de outra forma. Freud reconhece, nos sonhos, chistes ou lapsos de memória, o que, por ser tão evidente, dificulta a sua visualização: a matéria de que somos feitos. Os meios por que nos mostramos. Nada significamos para além da linguagem, mesmo quando esta é feita de gestos e silêncio.

Não foi Freud quem construiu essas evidências, elas se revelaram em seu trabalho clínico. Foram as banalidades e as chatices das neuroses — dos outros e as suas próprias — que lhe ensinaram a relevância de seu sentido. O inconsciente se revelou a Freud e, a partir daí, ele não mais conseguiu deixar de vê-lo e de tentar transmiti-lo com palavras. O privilégio que dará aos sonhos para, com sua interpretação, realizar o intento de transmitir as leis que permitem a tradução textual de suas imagens é correlativo da própria descoberta de que o inconsciente tem uma estrutura que lhe é própria.

Aprender a sistemática de trabalho do inconsciente, através de suas produções ordinárias, em sua materialidade, consistirá em duvidar da co-extensão cartesiana entre a razão e a consciência. Ao mesmo tempo, implicará a suspensão da pergunta pela totalidade do ser, livrando-se, com isso, dos perigos idealistas.

Ao nos apresentar o sonho como um modelo de fenômeno sobre o qual incidiria um trabalho de interpretação, Freud nos dá mostras de que a razão possui outras determinantes que não apenas as da consciência, para evidenciar aquilo que, aos olhos dela, pareceria absurdo, desconexo e arbitrário. Observa-se nisso o rompimento de Freud com a segregação psicopatológica, mostrando que o absurdo também tem suas próprias leis. Ao considerar que os sonhos funcionam ao modo de uma psicose de curta duração, a que todos estariam sujeitos, denomina-os de "fenômenos psicopatológicos normais".

Não haveria mais por que considerar as manifestações do psicopatológico como exclusividade de alguns sujeitos. Elas estariam presentes na própria sistemática do funcionamento anímico. Sendo o sonho um dado universal que se revela a todo homem, a segregação se daria nele mesmo. Não à toa, Freud escolhe o sonho para a transmissão de suas descobertas. Sabia que ela dependeria não do nosso entendimento, mas de nossa experiência com o inconsciente.

Por isso merece destaque, no decurso de suas argumentações na interpretação dos sonhos, a função que tem o modelo do sonho para a sistematização de sua teoria sobre a maneira por que se estrutura e funciona a nossa alma, e do uso da interpretação que a ele se associa. É através dele que Freud afirmará a hipótese de que o sonho é dotado de *sentido* e que sua interpretação é essencial para o conhecimento dos processos inconscientes.

A significação alegórica do sonho, em relação aos demais modos do acontecer psíquico — principalmente no que toca às produções sintomáticas —, esclarece que a interpretação em psicanálise não faz do sonho a sua matéria-prima exclusiva. A interpretação seria um instrumento de que disporia o psicanalista para abordar todos os meios pelos quais o inconsciente se mostra. A incidência prática disso reside em que o trabalho de interpretação é parte do método de tratamento psicanalítico, não sendo adequado anexá-lo a uma hermenêutica dos sonhos, nem muito menos extraviá-lo desse contexto.

De nada adiantaria conhecer as teses de Freud sobre a técnica psicanalítica para delas se servir para interpretar sonhos ou qualquer outro ato anímico. Freud, a propósito disso, dedica-se a fazer uma apreciação crítica das práticas psicanalíticas que perseguiam apenas cognitivamente os preceitos técnicos de seu método. Chamava esse tipo de empreitada de *psicanálise selvagem*, porque nesta as interpretações não tinham por lastro um trabalho prévio de análise pessoal. Dessa forma, fica evidente a mensagem de Freud, segundo a qual a técnica psicanalítica não se aprende em livros, sendo sua transmissão possível apenas pelo ofício do psicanalista em seu trabalho de escuta.

O psicanalista serve-se da interpretação unicamente para a consecução de seus objetivos terapêuticos: analisar o sintoma em seus componentes para, só assim, construir os meios de expressão de que fez uso para ganhar consistência. A interpretação não estaria comprometida com nenhum sentido prévio, daí não ser preciso compreender para interpretar, mesmo porque, associada que está às unidades materiais do sonho, sua especificidade nesse domínio se correlacionará ao fragmentário do movimento associativo do sujeito em análise.

O que trabalharia, então, no mecanismo interpretativo? A sua condição essencial é que o psicanalista tenha levado a um bom termo sua análise pessoal. Nesta é que desenvolve a sensibilidade de ouvir o seu próprio dizer em suas fraturas, ou seja, nos momentos em que o inconsciente se revela, podendo assim traçar as linhas de um saber antes insuspeito. O psicanalista, marcado por esse percurso, adquire a condição de realizar intervenções capazes e demarcar os efeitos do dizer daquele que tem sob análise, possibilitando-lhe, com isso, entregar-se às suas ressonâncias.

Sendo a condição da interpretação a obediência à regra analítica de livre associação, deve-se ter em mente que o afloramento de um dado, de uma lembrança ou de um fragmento fomentará a elasticidade expressiva do que se encontra sob a égide do inconsciente. A retomada do que aí trabalha é inerente à concepção que Freud desenvolverá não só do valor terapêutico da interpretação, mas também de seu eixo teórico.

A cena inconsciente mostra que a vocação do fragmento é o *não senso*. O sentido só se produz pelo encadeamento das unidades fragmentárias, sendo os espaços intervalares essenciais ao trabalho da interpretação, pois neles se acham impressos os efeitos da operação que possibilitou a sua manifestação.

A lógica interpretativa e sua matéria fragmentária fazem, pois, jus à realidade do inconsciente. Mas, para Freud, de que ela é feita? De suportes materiais, compostos pela superposição de *restos*. Restos de imagens, sons e sensações, impostos ao sujeito ao longo de sua existência. Restos díspares. Fragmentos unidos pela dispersão. O que não admite que o inconsciente seja assimilado como o resquício do desenvolvimento psicológico do sujeito. Nele não há uma história de acontecimentos a ser desvendada; tampouco uma dramaturgia; antes, cenas que falam, imagens detentoras de um valor *significante*.

A necessidade de tratar o sonho como um texto sagrado, e não em sua acepção de improvisação arbitrária, encontra-se amparada nessa realidade, delineando um aspecto essencial da interpretação em psicanálise, a de que a significação desse texto só se constrói por sua expressão enigmática, e não por outra evidência qualquer.

A realização do desejo

É importante observar que a significação visada pelo empenho interpretativo de um sonho deve levar em consideração que ele é, para Freud, invariavelmente, *satisfação de um desejo*, mesmo quando se trata de um sonho de angústia ou de punição.

Dessa forma, interpretar compreende um movimento em direção ao desejo. A interpretação, em verdade, é a interpretação do desejo; e o sonho, a sua metáfora. Por isso, é indispensável que sua tarefa recaia sobre a averiguação do sentido latente do sonho, o que só se realiza através do modo como se encontra deslocado pelo que dele se manifesta na sua narrativa.

Portanto, a interpretação define-se como um trabalho, um dispêndio de forças para fazer conhecer como, por essa tradução, ocorre a ocultação de suas razões expressivas.

Nesse trabalho, é a própria energia do desejo, a que Freud denominou libido, que lhe fornece o alcance de um trabalho concreto num interior de uma práxis, afastando-a de qualquer idealismo libertador.

Mas por que não se pode satisfazer o desejo de uma forma direta? Por que Freud vê, no deslocamento dos pensamentos oníricos para o discurso manifesto, o trabalho exaustivo rumo à sua satisfação?

O desejo — para Freud — caracteriza-se por sua impossibilidade de apreender, de forma fixa e definitiva, o objeto capaz de satisfazê-lo. Por isso, muitas são as astúcias de que se serve para sua realização. Uma satisfação plena seria de ordem mítica, não mais se daria de forma direta, pois estaria vinculada a uma falta ôntica do ponto de vista da espécie, graças ao corte do humano com o natural a repetir-se na trajetória de cada sujeito.

Freud pressupõe que o nosso animismo originário obedece, quanto à sua estruturação, à lógica do modelo de funcionamento reflexo, caracterizado pela descarga motora das excitações sensíveis, provenientes do mundo exterior. Quanto à excitação interna, torna-se complexa a sua busca de descarga. A experiência de satisfação é evanescente e, sendo a excitação interna constante, busca-se a sua reiteração através da repetição da percepção que a ela esteve atrelada, cujo registro foi efetuado por um traço de memória ao qual se associa uma imagem mnêmica.

Nesse modo de satisfação de ordem regressiva, por partir do pólo motor ao perceptivo, Freud reconhece a satisfação *alucinatória* do desejo que constituiria a nossa forma primitiva de lidar com os incômodos da estimulação corporal permanente. Por se tornar ineficaz e não ser possível com ela eliminar a necessidade, cai em desuso, sendo substituída pela operação de pensamento, cuja complexidade emerge da identidade perceptiva por obra do mundo externo. O cumprimento do desejo no sonho seria um retorno a esse modo de operação anímica regressiva, posto de lado por sua inoperância.

A busca pela satisfação se dará, a partir de então, por meio da procura de seu objeto para além do próprio sujeito. Começa, dessa maneira, a longa trajetória do desejo em procurar um objeto exterior: aquilo que condiga com os traços de memória que se associam ao que, no inconsciente, foi registrado como prazer ou desprazer. Por esse motivo, trata-se sempre de um objeto que não coincidirá com essa inscrição. O sujeito é convocado a reiterar incessantemente a sua busca. É justamente esse encontro fadado ao fracasso que mantém o movimento do sujeito.

Nesse sentido, para Freud o inconsciente tem por assinatura esse funcionamento arcaico, e todos os seus atos obedecem à lei do cumprimento de desejo — que roga por sua realização —, mesmo que por outros caminhos que não o alucinatório observado no sonho. A esse modo de satisfação, Freud deu o nome de *processo primário*. Sua característica seria o livre fluxo da energia a reger os traços de memória que aí são conservados e reordenados a cada nova inscrição, sem que para isso sejam observadas a sua temporalidade — pois o tempo do desejo seria sempre o presente — e a sua contradição ou antítese com o já inscrito.

Dos mecanismos que concorrem para a satisfação do desejo, dois deles têm destaque especial: a *condensação* (processo que consiste na confluência para uma única representação de diversos elementos de uma rede associativa) e o *deslocamento* (por meio do qual uma representação aparentemente insignificante assume o lugar de outra de grande intensidade e valor psíquico).

O que interessa de perto ao trabalho de interpretação são, precisamente, os achados de Freud sobre esses mecanismos que passam a governar o inconsciente e o modo secundário de funcionamento do sistema pré-consciente/consciente. A radical separação entre percepção e memória serve de substrato para a compreensão de suas diferenças.

Se a identidade perceptiva é o que facilita a realização do desejo, e se o seu impossível é fruto dessa divisão, a consciência, por seu vínculo com a percepção, sendo incapaz de retenção das qualidades psíquicas, só poderá ter acesso à matéria inconsciente por meio da introdução de conectivos energéticos capazes de promover a identidade de pensamento e, portanto, a inteligibilidade — o que para a consciência requer a distinção temporal, a negação, a antítese e a ausência de liberdade energética, dentre outros recursos. É o desvelar desses recursos que se encontra compreendido no trabalho de interpretação. Freud faz uso da metáfora da *tradução* para pensar o método de anexação de um sistema por outro.

Esse recurso encontra suas razões na medida em que, entre as instâncias psíquicas — inconsciente e pré-consciente/consciente —, destaca-se a função da *censura*, que, dado aos interesses desses sistemas terem se revelado contraditórios, em conseqüência do recalque, se faria necessária a sua intermediação entre eles. A censura promoveria as distorções possibilitadoras da tradução dos pensamentos oníricos. A atuação desse mecanismo dar-se-ia nos conteúdos dos sistemas, disposições de funcionamento e possibilidades comunicativas.

Tudo o que se passa entre esses sistemas obedece à lógica que promoveu sua divisão. Nada haveria de arbitrário. Freud defende, com isso, a existência de um determinismo psíquico que recobriria inclusive o trabalho da censura, que produz a desfiguração do sonho para a sua apresentação à consciência. A importância da livre associação quanto a isso reside na sua tentativa de recobrar o movimento regressivo (capaz de possibilitar a realização do desejo no sonho), o qual, por promover um rebaixamento da censura, pode conduzir o sujeito à dialética do seu desejo. Entretanto essa tarefa é complexa, na medida em que a determinação psíquica limita a liberdade associativa.

A partir dos trabalhos de metapsicologia, e em sua segunda tópica, Freud se empenha em retomar a relação problemática da comunicação entre os sistemas psíquicos, dando-lhe um tratamento complexo e de grande densidade, mas que foge ao contexto da discussão acerca da interpretação. No entanto, merece destaque um de seus pontos centrais. Vamos examiná-lo.

Freud observará que o processo primário, ordenador do sistema inconsciente, acha-se atado à ordem visual, consistindo este na representação do objeto do desejo através da representação-coisa. Segundo as palavras de Freud, resulta do investimento, "se não das imagens diretas da coisa, pelo menos de traços de memória mais remotos e derivados delas". Do ponto de vista da consciência, o processo secundário aborda por associação dois pares representacionais do objeto: a representação-coisa mais a representação-palavra, consistindo esta na dimensão acústica contígua à ocorrência da representação-coisa.

O retorno da representação inconsciente, nesses termos, só pode se estabelecer para a consciência a partir da referência verbal à coisa. Serão, por isso, apenas as lembranças da coisa submetidas à cadeia de representações verbais do sistema pré-consciente/consciente que se oferecerão como matéria interpretativa. Esta compreenderá, tão-somente, os traços resultantes da cena inconsciente. Esses desenvolvimentos serão decisivos por denotarem a alteridade radical da coisa em relação à representação, o que constitui o núcleo da teoria do simbólico em Freud e fundamenta o seu temor quanto ao uso da interpretação de símbolos.

A ordem da linguagem se mostra irredutível e tem o seu fundamento no caráter diferencial e material daquilo que se apresenta no sonho como traço — letra — a impossibilitar qualquer concepção do símbolo enquanto signo. Ou seja, de acordo com a lógica inconsciente, o símbolo não realiza uma associação necessária entre objeto e palavra.

Até mesmo a teoria de um simbolismo no sonho — a simbólica freudiana — resulta em que são apenas os símbolos que se relacionam aos objetos parciais da pulsão, em sua dimensão edípica, os que poderão ser levados em conta numa interpretação: casal parental, partes do corpo, sexo, dentre outros. Além disso, é apenas em seu mutismo que o símbolo se oferece à realidade inconsciente daquele que se presta à análise. Interpretá-lo seria uma operação artificial do analista e um rompimento com a regra analítica da livre associação.

Uma teoria do simbólico em Freud só existe na medida em que se observa o desmonte de uma dualidade reflexiva do símbolo. É o corte presente nessa dualidade que oferece o simbólico como uma esfera heterogênea à comunicação humana, o que significa que esta não conduz à compreensão, e sim ao equívoco.

Freud, em suas reflexões acerca do simbolismo dos sonhos, caracteriza a relação simbólica como a que estabelece uma ligação constante entre um traço onírico e sua tradução. Somente o recurso à tradução que requer uma leitura desse dado pelo sonhador pode conduzir à efetuação de uma interpretação, o que implica a manutenção da regra analítica.

Em termos práticos, isso resulta no fato de que para interpretação de um sonho, é necessário considerar o seguinte: quem sonha, sonha com imagens, mas a sua evocação não se dá por meio delas, mas por sua tradução em palavras. É somente por meio da linguagem que o sujeito poderá abordar as formações do inconsciente. Sendo, com isso, importante considerar que a interpretação, uma vez ancorada nessa tradução, é interpretação de interpretação. O que revela a sua complexidade e algumas dificuldades, dentre as quais se destaca a de que a censura lhe é um obstáculo estrutural e não circunstancial.

As construções em análise

Os primórdios do trabalho de Freud sobre a interpretação demarcaram o caráter fragmentário capaz de perseguir o sentido do sintoma, o desenrolar de sua mitologia fantasista, sem no entanto poder restituir a origem de sua constituição, por seu impossível.

O decorrer de sua prática clínica fez com que Freud constatasse que o descentrar progressivo do sujeito, operado por essa técnica — necessário para o advir do recalcado —, embora proporcionasse ao analisando um progressivo trabalho em direção à sua verdade, não era por si só capaz de alterar, de forma mais significativa, a sua posição sintomática. Por conta disso, incide sobre ela a repetição do recalcado, contribuindo, assim, para a sua manutenção.

Mesmo a despeito de seu sofrimento, algo parecia fazer com que o neurótico dele não abrisse mão. Essa dificuldade mostrou a Freud a necessidade de ampliar seu entendimento sobre os destinos pulsionais, para que finalmente desse conta desse algo que trabalhava no sentido oposto ao do princípio de prazer, obstaculizando sua força.

Constrói, a partir de 1920, instruído por seus neuróticos, uma nova versão do conflito pulsional. Supõe a coexistência de uma pulsão de morte e de uma pulsão de vida, cuja oposição insolúvel reafirmará até o fim de seus dias. Devido a isso, re-significará todo o seu percurso teórico-clínico. Promoverá algumas inovações na técnica psicanalítica, objetivando o enlace mais efetivo entre o trabalho associativo do psicanalisando e aquele da escuta do psicanalista.

Nesse contexto, são progressivamente formulados o conceito de *construção* e a definição de seu valor terapêutico de propiciar o desenlace progressivo de uma análise.

Muitas vezes, apressadamente entendida como o que prevalecerá sobre a interpretação, deixando-a à deriva, a construção deve ser apreendida como um recurso que se ampara no trabalho de escuta do analista. Somente em 1937 Freud sistematizará esse conceito de forma mais precisa. De início, é evidenciado que a construção é de natureza diversa da interpretação, e não o que vem para deslocar sua relevância para o trabalho analítico.

Observa-se, nesse momento, o esforço de Freud em fazer uma distinção entre o trabalho do psicanalista e o do psicanalisando. Com isso, resgata a tarefa central do psicanalista para a condução do processo de tratamento — o qual, segundo ele, parecia estar sendo "empurrado para o segundo plano".

O estatuto das construções em análise só pode ser devidamente esclarecido na medida em que estiver contextualizado em relação aos demais fatores em jogo na situação analítica. Dentre eles, destaca-se a sua principal condição: a transferência que o sujeito que busca uma análise estabelece com o analista.

Grosso modo, a transferência implica uma relação de confiança na escuta analítica, creditando ao psicanalista um saber capaz de nortear o processo de tratamento. A relação transferencial fará do analista o destinatário do inconsciente do analisando. Com isso, definem-se os lugares a serem ocupados pelos dois no dispositivo analítico. Nesse sentido, é a própria transferência que pode operar uma verdadeira "divisão do trabalho" entre os dois. Ambos se achariam limitados, em suas tarefas, por esse fator.

A regra fundamental da psicanálise — segundo a qual, para se ter acesso ao recalcado, é necessário fazer com que o analisando associe livremente — é vital para a delimitação do lugar da construção quanto à retomada que o sujeito fará dos precipitados de sua trajetória sintomática.

Sem o movimento regressivo que a interpretação favorece, visando o retorno daquilo que dá consistência a uma neurose, a construção não teria lastro. Assim, interpretação e construção são dois instrumentos pelos quais se realiza a tarefa analítica. Ambas obedecem à dialética da transferência. Mas, afinal, o que define a diferença entre elas?

Tanto a interpretação quanto a construção referem-se, de acordo com Freud, à reconstituição da história daquele que se submete a uma análise. A primeira consistiria na retomada de partes dela, capazes de compor um texto; a outra, na comunicação pelo psicanalista das partes ausentes desse mesmo texto, e que comprometeriam a sua leitura — considerando-se a totalidade do texto construído.

Mas de que forma se daria tal reconstrução, se Freud já atestara, nos primórdios de seu trabalho, que a recomposição do sentido originário para as formações do inconsciente não seria alcançável? A resposta a essa indagação exige a definição do que venha a ser a história de um sujeito para a psicanálise, e de por que a sua rememoração e reedição são a condição da melhoria de seu padecer.

Uma das questões que embasaram a elaboração do saber psicanalítico foi a distinção, realizada por Freud, entre o vivido e a realidade psíquica. A princípio, Freud acreditava que a origem de um sintoma neurótico resultava de um evento traumático, em geral correlativo ao sexual, realmente vivenciado por um sujeito. Mas foi obrigado a abandonar essa tese, por observar em sua clínica que os eventos da vida do sujeito assumiam, em seu discurso, uma forma fantasística. Desse modo, aquilo que dizia respeito à realidade psíquica não podia ser validado a partir de suas vivências reais. O fato de terem ou não ocorrido em sua história, serem ou não verídicas, perde, com isso, o sentido para a análise do sintoma.

O que passa a ser objeto de interesse é a maneira pela qual o sujeito integrou, em sua realidade psíquica, sua travessia desejante. É pertinente, por conta disso, dizer-se que, em psicanálise, a história do sujeito não é o seu passado; mas o seu lixo, suas pegadas, as migalhas deixadas no caminho. Mais precisamente: a batalha para dar coerência à sua incessante produção. (Não à toa que o homem, entre os animais, seja literalmente, o único produtor de lixo.) O trabalho incansável e incessante do inconsciente é correlativo a essa produção. No entanto, é inadmissível entender esse trabalho como o produtor de "uma história do sujeito inconsciente".

As estratégias de ordenação que facultam o registro inconsciente desses resíduos aludem à tentativa da fantasia fundamental de inserir entre eles algo suposto à sua correlação. Tratar-se-ia de um ato de bricolagem do tecido fragmentário, apoiado nas leis do processo primário: as diversas partes integrar-se-ão sem a referência temporal de seu registro, sem a consideração de suas contradições formais e por meio da liberdade de seus investimentos.

Com isso, se devemos usar o termo "história" no que diz respeito à tarefa de construção, é definindo-a como a enunciação analítica da verdade de um sujeito, ou seja, de sua fantasia. Seu caráter de narrativa sustenta-se, ao feitio literário, na tessitura da verdade como ficção do sujeito, onde se dão a ver as estratégias estilísticas pelas quais se diz o que não se pode por meios usuais. Sendo, ainda, a forma de lidar com os desconfortos do desprazer. Ou, considerando-se a mitologia edípica, o fazer face à castração através de um saber contigencial. Possibilidade simbólica, para Freud, de lidar com o fato de não se poder ser nem ter o objeto capaz de dar consistência ao ser.

O acesso à fantasia, em uma análise, é dificultado por sua irredutibilidade inconsciente. Soma-se a essa dificuldade a sua sobredeterminação pelo trabalho de censura, agora visto por Freud como relacionada às defesas do eu. Daí se depreende o fato de a fantasia comparecer na fala como narrativa lacunar e deformada em relação aos primórdios de sua constituição

A propósito disso, ao comparar o trabalho do psicanalista com o do arqueólogo, Freud ressalta que, no caso deste, há o intuito de recompor uma edificação antiga, então soterrada, a partir de sua matéria remanescente. O analista, por sua vez, almeja a reconstrução de uma parte da pré-história do sujeito a partir de suas lembranças e associações.

Em ambas as tarefas, tratar-se-ia de um trabalho suplementar no qual se daria a combinação de restos.

A palavra "suplementar", usada nessa metáfora, é significativa, pois torna patente uma não-adequação dos resultados desse trabalho com sua versão original. As dificuldades encontradas pelos dois ofícios seriam muitas, embora diversas: o psicanalista se acharia em vantagem por ser sua matéria viva e indestrutível, embora de acesso complexo; e a do arqueólogo, uma matéria decomposta pela ação da morte. O caráter de cada uma delas incidiria em seus objetivos últimos: o trabalho do arqueólogo visaria a reconstrução do objeto destruído; e o do psicanalista encontraria, na tentativa de reconstrução, apenas o começo de sua meta, na medida em que sua intervenção sobre a matéria viva é fundamental para sua validação.

Muito embora a validação de uma construção analítica não se verifique por sua simples aceitação ou negação por parte do analisando, ela se observa por aproximações, no decurso do trabalho, em virtude da sobredeterminação da fantasia pela censura. Não obstante a comunicação esteja amparada na escuta e não sujeita a um excesso do analista — o que anularia o seu valor por assumir um efeito sugestivo —, ela poderia inclusive ser descartada sem ocasionar prejuízos para o tratamento.

Por isso, tanto quanto a interpretação, a construção não se ampara em um saber a que o analista teria o acesso privilegiado. Se na primeira é a distinção de uma "mancada", realização de um corte na sincronia da fala, que destaca o seu poder em propiciar uma abertura do inconsciente pelo trabalho associativo do analisando, o que se observa na segunda é a oferta de um dado faltoso à narrativa ficcional; portanto, também sujeito à sua verossimilhança e não a uma realidade capaz de beneficiar a disjunção entre o originalmente recalcado e o saber que dele pode o sujeito em análise elaborar. Esse é o único esteio, segundo a lógica freudiana, que possibilitaria a análise romper com as repetições que imobilizam o sujeito e negam-lhe meios mais plásticos de lidar com sua dor de não-ser. Portanto, o risco da análise se transformar num relançar incessante das associações ao modo de um delírio a dois encontra nesse ponto o seu limite.

Ainda que negue a equivalência entre delírio e construção, Freud, curiosamente, faz uma analogia entre os dois. Tal analogia, se tomada apressadamente, pode levar a uma distorção do seu propósito, que obedece ao mesmo daquele da metáfora arqueológica de transmitir a sua especificidade. Se, por um lado, o delírio psicótico serve de modelo para o trabalho de construção, é no sentido de que tanto um quanto outro revelam a realização do desejo e servem aos propósitos do tratamento pela explicitação que possibilitam, e também por se referirem, em seus nexos constitutivos, à pré-história infantil. Diferem, no entanto, porque se o delírio tem sua eficácia garantida pela inserção do núcleo de verdade "no lugar da realidade rejeitada" — o que conduz a uma reintegração narcísica do paranóico —, a construção apenas se propõe a recuperar um fragmento da história perdida pela ação do recalque, conduzindo à aceitação do representante da pulsão recalcada, delineando, ao contrário, um decréscimo do narcisismo do sujeito.

A responsabilidade do analista de evitar o estabelecimento de um gozo interpretativo por parte do cliente parece ser um dos objetivos fundamentais do trabalho de construção. Perigo que Freud parecia reconhecer como uma das distorções possíveis de seu método de que mais tarde Lacan, ao trabalhar o tema da direção do tratamento — mesmo sem se ocupar explicitamente do debate sobre as construções em análise —, reconhecerá a evidência, tratando de dar conta dele por outros meios.

Lacan: a interpretação ao pé da letra

No percurso psicanalítico de Lacan, o ensino é um produto maduro de sua experiência clínica e institucional. Desde seu primeiro seminário (1953-54), que teve por tema os escritos técnicos de Freud, destacava-se o seu interesse em denunciar o quão distante estava a prática psicanalítica da época dos ensinamentos inerentes a esses escritos.

Tal situação agravara-se, sobremaneira, após o desaparecimento de Freud. Em vida, este se manteve o guardião de sua descoberta, pois, sendo seu legítimo criador, ninguém melhor para determinar o que seria, a rigor, a prática psicanalítica. Isso no entanto não impediu que se apresentassem a ele, ainda em vida, muitas distorções que se viu impelido a combater.

A proposta de Lacan — de um retorno a Freud —, já evidente naquele momento, não se encontrava fundada na idéia de que os conceitos de Freud estivessem já para sempre definidos, bastando portanto tão-somente repeti-los e aplicá-los; ou seja: esse retorno não significava tomar a letra de Freud por meio de uma ortodoxia religiosa que assimilasse seus conceitos sob a forma de dogmas a serem reiterados num ritual clínico, acompanhado por psicanalistas para todo o sempre, amém!

Ao contrário (o próprio Freud já o assegurara em sua Metapsicologia), os conceitos psicanalíticos teriam por sina o movimento, pois resultariam do que dita o inconsciente através de suas formações na experiência clínica. Seriam construtos cuja verdade não estaria assegurada de forma definitiva. Os horizontes conceituais em Freud se ampliaram muito mais por meio de dúvidas, mancadas e erros por ele assimilados do que pela confirmação da validade de todos os seus atos enquanto psicanalista.

O que de fato Lacan pretendeu destacar com o seu retorno a Freud foi a necessidade de os psicanalistas procurarem se ater aos fundamentos, aos alicerces da disciplina freudiana. A partir daí, poderiam prosseguir interrogando a experiência psicanalítica; e, com isso, dar conta das mutações do inconsciente. Tarefa essa necessária, pois o tipo de constrangimento das pulsões se constrói ao sabor do devir histórico que, por confrontar o desejo com novos disfarces da produção de seu objeto, é capaz de alterar as feições de enlace social do sujeito. A prevalência de determinados sintomas em uma época, como por exemplo a conversão histérica no tempo de Freud e a depressão e a fobia na contemporaneidade, são ilustrações disso.

Lacan, assim, intimava os analistas a não serem pré-freudianos, a não retornarem ao uso das práticas de sugestão, que, então, já se mostravam ineficazes; e, por isso, desalojadas pela regra fundamental da livre associação, proposta por Freud.

Ser freudiano, para Lacan, não consistiria simplesmente em repetir a sua nomenclatura conceitual. Muitos desvios ocorriam então em nome do inconsciente, que, em verdade, era banido da prática analítica através do fortalecimento de conceitos secundários em relação a ele.

O destino da problemática da interpretação, no ensino de Lacan, insere-se nesse contexto de denúncias de desvios da técnica psicanalítica, estando o seu entendimento e o seu uso profundamente alterados em nome de uma prática que priorizava o eu em detrimento de suas complexas relações com o inconsciente.

Lacan demonstrará que as deformações da prática interpretativa seriam indissociáveis do manejo técnico da transferência. Os psicanalistas de então, sob sua ótica, privilegiavam as defesas do eu e não o caráter inconsciente dos desígnios das restrições pulsionais para a explicação da face de resistência da transferência e para os embaraços clínicos no seu trato.

Essa situação acarretava o uso abusivo da interpretação da transferência como manejo técnico das resistências. O que merece severas críticas de Lacan. A principal delas seria a transformação dos ideais éticos do processo analítico (em Freud associado à localização da verdade na fala do psicanalisando) em ideais morais, de cunho adaptativo. Tais ideais, em vez de fazer afluir o desejo, promoviam o fortalecimento da alienação do sujeito a uma verdade alheia à sua.

Lacan entendia que o método de Freud, em seu aspecto simbólico, promoveria o deslocamento da *fala vazia* — dada a disjunção entre os atos sintomáticos e o dizer do neurótico — a uma *fala plena*, em que se daria a reconciliação do sujeito com o seu desejo. A interpretação, diante disso, comprometer-se-ia com essa meta terapêutica.

O seu principal mecanismo consistiria em procurar abrir as vias para a ruptura com a estagnação neurótica a que o eu do sujeito se aferra e que o torna um estranho para si mesmo. Desse modo, o uso do interpretar proporcionaria o mergulho no vazio que comparece para além do discurso aparente do sujeito ou das suas resistências, e não o enxerto de novos sentidos, ofertados pelo psicanalista ao sujeito a fim de fortalecer o seu eu.

Lacan observa, na análise das resistências do eu, a utilização da interpretação no sentido de uma violência, impetrada contra o sujeito, com o intuito de levá-lo, forçosamente, à compreensão dos motivos de sua estase, seu torpor. Com isso, chama a atenção para o perigo do uso da interpretação como substantivação da função simbólica; ou seja: da negação do caráter polivalente dos sentidos da linguagem.

A interpretação não poderia ater-se ao relevo dos erros de compreensão que o sujeito cometeria na realização de suas ações. Mesmo porque Lacan se opunha à tese segundo a qual o sintoma era considerado uma interpretação errônea do sujeito em relação ao seu conflito anímico.

Nesse momento inaugural de seu ensino, demonstra, em síntese, haver um abandono do pensamento freudiano, principalmente no tocante à hipótese de que a clínica psicanalítica evidenciaria, justamente, o modo problemático por que o sujeito se relaciona consigo mesmo. Por isso, o seu eu — sede da integração de suas defesas — deveria ser, ao contrário, descentrado pelo trabalho da interpretação.

É a função de síntese do eu que deve ser desdobrada para que o próprio sujeito possa, por seu movimento discursivo, alcançar o sentido de seus sintomas. Interpretar a transferência para pôr em relevo as defesas do eu conduziria a minimizar os elementos da interpretação ao eu do analista e ao do analisando. Que os analistas se abstivessem de fazer uso da interpretação da defesa, e recuperassem o seu valor inconsciente, era a exigência feita por Lacan aos seus contemporâneos. Objetivava, sobretudo, que estes pudessem livrar-se do perigoso psicologismo desse tipo de prática interpretativa.

Assim, a releitura lacaniana dos escritos freudianos tornará radical a tese de que o inconsciente tem de ser apreendido em consonância com as leis de seu funcionamento e formas de estruturação. Lacan enunciará, principalmente por meio da leitura da interpretação dos sonhos, que *o inconsciente é estruturado como uma linguagem*. Defende, portanto, que a interpretação deve levar em conta as imagens dos sonhos em sua literalidade, isto é, ao pé da letra.

O que, afinal de contas, isso quer dizer? Que se deverá considerar a estrutura da linguagem para o procedimento de leitura do texto do sonho. Seria, segundo o mestre francês, um ato similar ao soletrar de um provérbio. No caso, proposto pelos *rébus* do sonho (enigma composto de imagens verbais), para alcançar não o que quer inequivocamente dizer, mas a sua significância, melhor dito, o seu valor.

A analogia implícita entre os procedimentos lingüísticos e os psicanalíticos não autoriza, no entanto, que se deduza a existência de uma mesma lógica a reger os dois campos. É preciso ver, através do exemplo do provérbio, que Lacan não toma o signo em seu sentido representativo. Ou seja, defende que o que está em jogo, na tessitura dos rébus, é o seu efeito de discurso, proveniente da dimensão de sua própria escrita.

Dessa maneira, a redução da matéria da interpretação a um simbolismo natural é radicalmente descartada. A ordem simbólica, pertinente à prática da interpretação em psicanálise, comportaria como principal característica a torção existente entre os espaços do limitado e do ilimitado da linguagem.

Se, por um lado, a interpretação não pode deter-se num aspecto do texto como suficiente para a produção do sentido, por outro, não pode dizer do texto "não importa o quê" em nome de sua pretensa abertura. A noção de *cadeia significante*, introduzida nesse período por Lacan, ilustrará de que forma as leis da produção do sentido devem, necessariamente, estar compreendidas no exercício da interpretação.

As cenas fragmentárias do sonho — as quais Freud destacava por sua maneira peculiar de encadeamento, e por delinearem uma sintaxe própria à manifestação do desejo — assumem, na leitura de Lacan, um valor semelhante ao que a sucessão de significantes apresenta numa frase; as frases, nos períodos; e os períodos, no texto. A insistência do sentido se daria por meio de cada um desses fatores, mas não poderia deter-se em nenhum deles. Não é, portanto, sobre o sentido em si mesmo que a interpretação irá deter-se, mas no seu modo de produção.

A analogia entre inconsciente e linguagem — selo desse período — e o diálogo de Lacan com a lingüística e com a antropologia estrutural de Lévi-Strauss possibilitarão a ampliação das explicações dadas por Freud, ao longo de sua obra, acerca de como o texto latente (os pensamentos oníricos) pode vir a se apresentar no discurso manifesto do sonho.

Lacan assimila as leis dos processos primário e secundário àquelas que permitem a figuração da linguagem em detrimento do caráter puramente denotativo de seus elementos. Os processos de condensação e deslocamento, antes destacados por Freud, irão equivaler, segundo Lacan, aos mecanismos lógicos da produção metafórica ou metonímica do sentido.

A metáfora e a metonímia — trabalhadas por Lacan como dois processos pelos quais o significante incidiria sobre o significado — são particularmente importantes para a compreensão da interpretação como jogo entre a já mencionada torção entre o limitado e o ilimitado da linguagem. Lacan situa, entre o significante e o significado, uma barra resistente à significação. Isso quer dizer que a relação entre eles não é unívoca: a barra determinará de que maneira se darão as suas intrincadas relações.

A *metonímia*, ao produzir uma subtração de valor no ato de remeter um significante a outro, não ultrapassa a barra resistente à significação, enquanto a *metáfora* incide no sentido do franqueamento dessa barra. Nela, a substituição significante produz um acréscimo de sentido, sem, no entanto, alterar o signo. O que não ocorre, por exemplo, na produção do sentido nas psicoses, em que se observa a transposição da barra e a alteração do signo. As palavras-valises usadas na linguagem psicótica (abrigam em si o sentido do mundo e servem para designar qualquer coisa) e o uso de neologismos na literatura (em geral condensam numa palavra dois ou mais significantes sem no entanto se prestarem a qualquer emprego) são mostras perfeitas desses tipos de transposição.

"Eu não procuro, acho!"

No escrito em que se ocupou da tematização do lugar do analista na condução do tratamento, produzido no ano de 1958, encontra-se sintetizado o esforço de Lacan para situar o lugar da interpretação no tratamento analítico, além de sua estreita ligação com o próprio debate da posição do analista; este, responsável por sua condução. Texto exemplar e de extrema densidade. Nele, surgem algumas renovações em relação ao que já fora por ele trabalhado sobre o assunto.

Ainda no contexto de situar criticamente o uso inadequado desse procedimento analítico, Lacan denuncia o enfraquecimento de sua potência em auxiliar a empreitada do tratamento. O motivo principal disso seria o exercício de uma impostura discursiva, por parte do analista, que, incapaz de sustentar autenticamente a práxis freudiana, faria desta o exercício de seu poder pessoal.

Na clínica psicanalítica, assim balizada, a interpretação encontrar-se-ia equiparada a qualquer um dos procedimentos de intervenção verbal do analista, tais como: a sua confusão com os ditos esclarecedores, capazes de confrontar o sujeito com o que diz no curso de suas associações, e até mesmo com situações embaraçosas, como as respostas à demanda do analisando.

Impõe-se, com isso, a seguinte questão: se, para Lacan, a interpretação não pode ser equiparada às demais intervenções analíticas, é porque ele a coloca numa posição de destaque no contexto de uma psicanálise. A que, então, ela serviria? O seu interesse básico seria o de apontar, de um modo sincrônico, as diacronias das repetições inconscientes presentes no discurso do sujeito.

A essa altura de seu percurso, Lacan propõe que a interpretação acrescente à sincronia da cadeia significante um elemento capaz de restaurar o sem-sentido que fixa a relação originária do sujeito com o significante. Implica, pois, o resgate da verdade do sujeito — vinculada ao modo como pôde responder à pura diferença, à impossibilidade de dar sentido ao sem-sentido. Se o que lhe é acrescido não for capaz de mover o significante, em seu efeito na emergência do significado, a interpretação destituir-se-ia de seu valor indicativo da posição discursiva do sujeito.

Se, em suas primeiras considerações acerca da interpretação, Lacan destacava a sua relevância à emergência da palavra plena, agora defenderá que o que deve ser acrescido é o *vazio*. Este se situaria no intervalo entre os significantes. O compromisso da interpretação revela ser com os efeitos do significante: "A interpretação é feita para produzir ondas." Dessa forma, desloca a tese do aflorar de um sentido, o da palavra plena, e reitera com isso o objetivo central de uma análise: o de conduzir o sujeito ao encontro de seu desejo.

Essa mesma tese é retomada, e exaustivamente discutida em seu estudo sobre o desejo e sua interpretação. Nele despontam novas elaborações acerca da função da interpretação a partir da leitura que faz Lacan da letra freudiana — dentre as quais merece destaque a análise da constituição do sujeito do desejo.

Lacan aponta a situação de alienação do sujeito em relação ao Outro como sua matriz. Nos primórdios dessa relação, o sujeito não dispõe de qualquer recurso que o ampare diante da obscuridade com que se manifesta o desejo do Outro. O acesso daquele à fala se fará, posteriormente, no sentido de um apelo a este. Ou seja, a fala resulta da busca do sujeito por localizar-se perante o Outro como lugar de linguagem.

A operação de recalque é retomada e rediscutida a partir da dificuldade do sujeito de reconhecer nesse lugar um significante capaz de representá-lo. No entanto, aí também não o encontra e prossegue carente de seu ser, pois, como sujeito de um corte, ele se posiciona aquém deste.

Lacan defenderá, por conta disso, o abandono da concepção segundo a qual a interpretação deveria ocupar-se do resgate de significantes que foram alvo da operação de recalcamento. Em seu lugar, comparece a tese de que, em verdade, ela obteria sua eficácia na medida em que é capaz de destacar a relação mantida pelo sujeito com esses significantes.

Um outro ponto de interesse é a articulação que faz, nesse mesmo contexto, entre desejo e fantasia. O desejo — em função da divisão do sujeito — não se definiria pela realização de uma tendência em relação a um objeto fantasioso; antes, se observaria que o desejo se prende não a um objeto, mas a uma fantasia.

Nessa linha de raciocínio, é central a definição que realiza do objeto *a*, causa do desejo, em relação aos registros do simbólico, do imaginário e do real, cuja conclusão é de que a sua função remete à estrutura do *corte*. A experiência clínica, segundo Lacan, postula que essa estrutura é comum a todos os objetos que nela se destacam, embora a relação dos diferentes sujeitos a esse corte não se apresente de uma única forma.

Um outro fator surge como inerente a essa elaboração: o da função do *desejo do analista* na interpretação da fantasia. Nele também há de se considerar a pertinência ao corte. O analista teria que reconhecer os significantes onde eles se apresentam no discurso do sujeito, e não numa realidade que lhe é exterior.

A leitura concomitante das intervenções de Lacan sobre a direção do tratamento e sobre o desejo e sua interpretação permite o esclarecimento recíproco de uma série de questões nelas presentes, e que são sucedâneas das que originaram seu exame do alcance clínico do conceito de interpretação.

Uma delas, de interesse central, é a retomada da discussão sobre as relações entre interpretação e defesa. Os ensinamentos freudianos demonstrariam que a defesa só tem sentido de ser abordada por sua operação sobre o desejo. Restitui-se a esse termo o seu alcance metapsicológico de ser uma atividade relativa ao pulsional, afastando-se dele qualquer sombra psicologista que obscurecia o seu liame com a libido — sua mola energética propulsora.

O que interessa, quanto à defesa, é a situação originária do sujeito, que, diante da experiência traumática perante o desejo do Outro, não teria outro recurso senão defender-se deste com o seu eu: o desejo é a própria defesa. Lacan relembra, além disso, a articulação, elaborada por Freud, entre desejo e prazer, e sua oposição à realidade imposta ao sujeito. Com isso, acentua o equívoco de interpretar a fantasia a partir do confronto do discurso do sujeito com elementos provenientes da realidade, o que resultaria em compreender erroneamente que o sujeito se defende do desejo.

Ao contrário disso, a interpretação analítica deveria considerar a fantasia uma ficção cifrada ao modo da lógica do sonho. Seu alcance se observaria por destacar a posição que o sujeito ocupa na sua narrativa. Lacan defenderá, com isso, que a interpretação deve ser, ela mesma, um corte. Com essa definição, fecha seu ciclo lógico: o desejo é sua interpretação. Nada mais freudiano.

Ainda nesse período de seu ensino, uma recorrência se observa: a referência à obra canônica de Freud, dedicada à interpretação dos sonhos. Através dela, é discutida a relação fundamental estabelecida entre desejo e lei simbólica. Dá-se a ver, então, o quanto o sofrimento neurótico é tributário da dificuldade dessa articulação, que se modula, em cada caso, de acordo com as estratégias utilizadas pelo sujeito para escapar das interdições. Essa situação, exclusivamente humana, encena a dificuldade do sujeito em lidar com a sua falta, que se constitui num dos maiores obstáculos analíticos.

A relação do sujeito com a lei simbólica, uma vez retomada, revigora a abordagem do que a análise tem de compromisso com a fala, por onde se traçam os embaraços do sujeito em significar de acordo com as leis da linguagem. Acossado entre o a menos do desejo e o a mais do gozo, o neurótico fala; e, na polissemia do seu dizer, é preciso recortar os retornos dos significantes de seu gozo interditado. Com isso, reitera Lacan que a interpretação só ganha sentido, em seu compromisso analítico, ao favorecer o recorte das cenas de sua fantasia, para aí fazê-lo emergir na sua própria divisão — sem o que não poderá vencer o seu sofrimento.

Aliás, não é só a psicanálise — e, principalmente, Lacan — que faz uso da metáfora da luta do sujeito com as palavras para aliviar seu padecer. Muitos poetas também, como Drummond: "Lutar com palavras/ é luta mais vã. No entanto, lutamos/ mal rompe a manhã". Lacan se vale desse recurso estilístico, aplicando-o ao próprio campo da experiência analítica, pois defende que tanto o analista quanto o analisando devem empenhar-se nessa batalha com o forte intuito de vencê-la, ao menos no que lhes seja possível.

De duplo feitio, tal metáfora entremostra sobretudo o quão preponderante é a função que nela ocupa o psicanalista. Para Lacan, ele integra a política da análise. Nela, seria livre, em sua tática, enquanto atinasse que está preso à sua estratégia, cuja transferência seria o representante. Dela o analista não é o senhor. Portanto, é por sua tática que ele trabalha para que, no decurso da análise, possa abandonar a posição de suporte da fantasia do analisando.

A relevância desse procedimento consiste, ainda, em dizer que o analista tem que saber para onde está, pelos usos de suas táticas, conduzindo o tratamento. Tampouco a liberdade no manejo de tais expedientes se alimenta do assegurar-se de que a transferência, mantida pelo analisando, autorizaria os seus alvos. A afirmação de seu poder de psicanalista estaria assegurada, justamente, por sua própria abstenção.

Não é dos poderes investidos em sua pessoa que é extraída a potência do seu ato; antes, de sua negação, pois não é como pessoa que opera. Por isso, não é livre para interpretar por meio de sua subjetividade. Se assim alguns psicanalistas o fazem, é por se deixarem levar pelo excesso interpretativo, cuja violência Freud já denunciara por engendrar na ação analítica uma dimensão persecutória.

Esse gozo interpretativo por parte do analista desvirtuaria, segundo Lacan, o seu alcance, enfraquecendo-lhe o poder por visar não ao descentrar associativo do sujeito, mas ao fortalecimento do seu eu. Com isso, impossibilitaria a travessia de sua fantasia. A estase imaginária da relação transferencial inicial, que deve dissolver-se ao longo da análise, é aí preservada pelo analista, em seu furor interpretante, por fixar-se como *sujeito suposto saber*.

Interpretação e transferência ganham seus contornos e sua aliança na estratégia analítica na medida em que esta — como condição daquela — lhe delimita o tempo e a incidência de sua efetuação. Seria, de acordo com esse princípio, difícil listar regras fixas para o ato de interpretar em psicanálise; antes, impõe-se a observância de seu pressuposto de base: o inconsciente tem a estrutura da linguagem. É preciso atinar para as leis que fazem funcionar seus elementos. Assim, a pertinência de uma interpretação só pode ser observada por meio do exame desse fundamento. Não é por sua aceitação ou não pelo analisando que pode ser motivo de observação, mas, tanto para Freud quanto para Lacan, por seus efeitos.

Igualmente relevante na trajetória do conceito de interpretação em Lacan é a retomada de sua singularidade analítica no contexto em que os fundamentos conceituais da psicanálise são, exaustivamente, trabalhados por ele — ressaltando-se a aproximação que a interpretação estabelece com outros conceitos psicanalíticos, sobretudo com os de inconsciente e pulsão.

Consolidados os debates esclarecedores com a lingüística e a antropologia estrutural — úteis à reafirmação do pressuposto freudiano de que a interpretação ganha consistência apenas se referida às determinações inconscientes —, é alargado o seu horizonte pela formalização do caráter simbólico do trabalho interpretativo.

O destaque especial da relação entre significante e objeto parcial serve de fio condutor para pensar a partir de que lugar o analista pode garantir a eficácia analítica. No caso, assumir a posição de objeto é furtar-se de fazer equivaler o ser ao sentido, na medida em que o objeto não pode ser garantia de saber por não poder ser anexado ao sentido, uma vez que está situado em um lugar inalcançável por este. Desse modo, se o objeto da pulsão se acha implicado no sintoma, é inevitável que se considere: o sentido não é o que vai se opor ao sem sentido, mas o que, para se produzir, vai abrigá-lo.

Essa posição, acerca da relação entre ser e sentido, demonstra que a interpretação não pode se esquivar do equívoco; por isso, não pode ser suporte de nenhuma certeza quanto ao ser do sentido, muito prezado por alguns saberes. Torna-se imperativo, por isso, o debate com a tradição filosófica, realizado por Lacan, não para fazer a assimilação de seus princípios, mas para dela discernir as condições da formação conceitual em psicanálise.

As condições pelas quais se pode pensar a cientificidade da psicanálise revestem-se de grande interesse. A psicanálise é diferenciada do campo das chamadas ciências do homem: se estas se caracterizam por orientarem suas pesquisas na busca de conformação de suas hipóteses, aquela seria um tipo de práxis construída a partir de seus achados, e não por uma procura de validação de teses predeterminadas.

Talvez, por esse motivo, a psicanálise não possa ser definida de acordo com os critérios das ciências oficiais. A pergunta "O que é psicanálise?" é de difícil elucidação, por admitir por resposta, segundo Lacan, uma outra e mesma pergunta: "O que é a psicanálise?". A isso ele chama uma "questão-morcego". O psicanalista — e ele, Lacan, se coloca com tal — só pode se reconhecer em sua direção à verdade a partir do dito de Picasso: "Eu não procuro, acho!".

Com isso, Lacan estende o debate sobre o que entende ser a reivindicação hermenêutica das ciências humanas. Sua insistência em se deter em tal questão interessa ao campo da psicanálise, segundo ele, apenas por observar a confusão desse tipo de reivindicação com os propósitos da interpretação analítica, cuja tessitura seria bem diferente daquela da hermenêutica. Reafirma, com isso, a tese freudiana: a interpretação em psicanálise não resulta numa visão de mundo, nem numa teoria do conhecimento.

A busca de um "traço diferencial" para explicar a razão da manifestação de um determinado fenômeno não constitui a tarefa analítica. Lacan, a respeito disso, encontra uma excelente ilustração: se a realidade analítica confronta o analista com um mutismo histérico, o seu empenho não será o de explicar as suas razões; e sim, o de conduzi-lo a falar.

Se o analista logra êxito, o mutismo desaparece. No entanto, não haveria no dispositivo analítico meios que precisassem o porquê do retorno da fala. Talvez nisso esteja o corredor, que, segundo Lacan, existiria entre a psicanálise e a religião, mesmo considerando a diferença do sentido da interpretação nos dois campos.

A distinção entre a hermenêutica e a psicanálise, em relação ao ofício da interpretação, agrega ainda o princípio de que o inconsciente não é ôntico; e sim ético. O seu modo de enunciação da verdade não remete, como na tradição filosófica, às possibilidades de realização do ser, mas ao que dele se furta negando-lhe a realização.

Nesse sentido, a interpretação psicanalítica não pode fazer referência a um ponto de vista existencial, ou seja, não visa nem à produção de *insights*, nem à vivência de situações problemáticas para a correção da imagem que faz o sujeito de si e do outro. O sujeito, de saída, sendo faltoso, não será interpelado em seu ser, mas em seu desejo. Assim, uma interpretação puramente diacrônica, ou seja, que se faça pela retomada do passado no presente — e por uma prospecção futura — não oferece qualquer efeito de abertura em seu discurso. A dialética temporal desse procedimento não alcança a eternidade de seu desejo e o tempo presente de sua realização.

É necessário tirar as conseqüências das seguintes constatações, oriundas das reflexões de Lacan: a primeira, o objeto está fora do sentido; a segunda, a perspectiva existencial não faz parte dos auspícios da interpretação. Lacan, posteriormente, efetuará um salto no que diz respeito aos meandros lógicos da relação entre interpretação e sentido, inclusive reduzindo as possíveis ambigüidades que sofreu no trato que lhes deu ao longo de seu ensino.

Salto esse que pode ser sintetizado pela afirmação de Lacan: "A parte ..., com o todo, ela nada tem a ver." Seu efeito será vertiginoso para o pensamento usual das práticas interpretativas, em geral instruídas em estabelecer os nexos entre o todo e suas partes. Por ser radical, a afirmação desse princípio assume a estrutura de um corte com os demais saberes que abordam o assunto.

Qual a relação disso com a estruturação do sujeito? Qual a sua implicação para o ofício da interpretação? Lacan já destacara, em momentos anteriores, a operação de alienação do sujeito. Tomando a metáfora de Hegel — a bolsa ou a vida — que sintetiza logicamente a escolha que o sujeito tem de fazer pela vida ou pela morte, trabalha-a no sentido psicanalítico, demonstrando que a operação de separação que se realiza entre o sujeito e o Outro instaura a perda da parte que os reunia, sendo essa perda o que, paradoxalmente, constitui o sujeito como tal.

Isso seria equivalente à interseção entre dois conjuntos reunidos, que, ao serem definidos um sem outro (a-b, b-a), restariam ambos carentes da parte que parecia ser-lhes comum. Essa parte cai nessa operação; e sua restituição não se refaz: a vida sem a bolsa ou a bolsa sem a vida. De acordo com isso, Lacan dirá que a partição do sujeito é a sua "parturição"; ele tem, por essa operação, de se gerar novamente.

O vínculo entre interpretação e objeto *a* — que, no caso dessa operação, é o que cai — se dará então nos termos de que não há mais como pensar a interpretação como efeito de sentido. O desejo do analista opera, pois, por fazer intervir, pelas escansões que faz no discurso do sujeito, o que está sempre aquém do sentido. A conclusão esquemática disso, em termos técnicos, é a de que o que atua na interpretação, produzindo-lhe a eficácia, é "a articulação, no sintoma, dos significantes (sem nenhum sentido) aprisionados nele".

A experiência posterior de Lacan o levará a propor que a interpretação pode se ofertar como citação do dito do analisando — garantindo sua polissemia — e enigma — evitando a sua apreensão unívoca. Um enigma, é sabido, assimila-se tão-somente pela construção de outro enigma, mas isso não é sem conseqüências. Que fique em aberto...

Referências e fontes

• A afirmação de Koyré, a que nos referimos à página 10, pode ser encontrada em suas *Considerações sobre Descartes* (Lisboa: Presença, 1986, p.9).

• Os trabalhos de Ricoeur e Foucault, à página 12, que serviram de referência à nossa exposição no tópico "Freud e o contexto da interpretação na modernidade", são respectivamente: *Da interpretação. Ensaio sobre Freud* (Rio de Janeiro: Imago, 1977) e *Nietzsche, Freud & Marx. Theatrum philosoficum* (São Paulo: Princípio, 1987).

• A citação de Freud, à página 14, é um excerto de sua correspondência com Ferenczi, colhido em: Ernest Jones. *La vie et l'oeuvre de Sigmund Freud, t.II. Les Années de maturité* (Paris: PUF, 1969, p.87).

• A exposição feita nos tópicos "Os sonhos e sua interpretação" e "A realização do desejo", entre as p.14 e 29, foi basicamente fundamentada pelos seguintes trabalhos de Freud, todos referentes à *Edição Standard Brasileira das Obras Completas de Sigmund Freud*, publicadas no Brasil pela editora Imago, sendo a edição citada de 1975: *A interpretação dos sonhos*, vols.IV e V; *Psicanálise silvestre*, vol.XI; *O uso da interpretação dos sonhos em psicanálise*, vol.XII; *O inconsciente*, vol.XIV; *Conferências de introdução à psicaná-*

lise. 10ª conferência, vol.XV; *Novas conferências de introdução à psicanálise. 29ª e 35ª conferências*, vol.XXII.

- A citação à página 27-8 encontra-se em Sigmund Freud, *ESB*, vol.XIV, p.229.

- Nossas colocações apresentadas entre as páginas 30 e 37 acham-se, em sua grande parte, amparadas no texto *Construções em análise*, ESB, vol.XXIII.

- A citação à página 33 é de Marco Antonio Coutinho Jorge em *Sexo e discurso em Freud e Lacan* (Rio de Janeiro: Zahar, 1988. p.80).

- A citação à página 36 situa-se em Sigmund Freud, *Construções em análise*, ESB, vol.XXIII.

- O exposto entre a página 37 e 56 baseou-se em nossa leitura de Jacques Lacan: *O seminário*, livro 1, *Os escritos técnicos de Freud* (Rio: Zahar, 1979); livro 11, *Os quatro conceitos fundamentais da psicanálise* (Rio de Janeiro: Zahar, 1979); *Le Désir et son interprétation. Séminaire 1958-59* (Paris: s/d. Document interne à l'Association Freudienne Internationale). E, ainda, nos *Escritos* (Rio de Janeiro: Zahar, 1998), sobretudo os artigos "A direção do tratamento e os princípios do seu poder", p.591-652; "A instância da letra no inconsciente ou a razão desde Freud", p.496-533; "Posição do inconsciente", p.843-64.

- A citação, à página 46, é um excerto de das *Conferências nos EUA*, de Jacques Lacan (Recife: Centro de Estudos Freudianos do Recife, s/d, edição não comercial, p.30).

- Os versos à página 50 pertencem a Carlos Drummond de Andrade, in *Poesia e prosa* (Rio de Janeiro: Nova Aguilar, 1992, p.84).

- As citações, à página 53, são ambas de Lacan: *O seminário*, livro 11 (Rio de Janeiro: Zahar, 1979, p.11).

- À página 55, as duas citações encontram-se em "Posição do inconsciente", in *Escritos* (op.cit., p.857 e p.856).

Leituras recomendadas

Todos os textos citados nas "Referências e fontes" são de interesse para quem deseje estudar o conceito de interpretação em psicanálise; recomendo ainda:

• Em Freud: *A psicopatologia da vida cotidiana* (ESB, vol.VI), *Os chistes e suas relações com o inconsciente* (ESB, vol.VII), *Artigos sobre técnica* (ESB, vol.XII3), *Além do princípio do prazer* (ESB, vol.XVIII), *O eu e o isso* (ESB, vol.XIX).

• Em Lacan: "Função e campo da palavra" e "A carta roubada", in *Escritos* (Rio de Janeiro: Zahar, 1998); *O seminário*, livro 5, *As formações do inconsciente* (Rio de Janeiro: Zahar, 1999); *RSI* (inédito).

• Em outros autores: Alain Didier-Weill. *Lacan e a clínica psicanalítica* (Rio de Janeiro: Contra Capa, 1998); Marco Antonio Coutinho Jorge. *Fundamentos da psicanálise de Freud a Lacan*, vol.1: *As bases conceituais* (Rio de Janeiro: Zahar, 2000); Octave, Mannoni. Freud. *Uma biografia ilustrada* (Rio de Janeiro: Zahar, 1994).

Sobre a autora

Laéria Bezerra Fontenele é psicanalista e professora-adjunta da Universidade Federal do Ceará, graduada em psicologia, mestra e doutora em sociologia por essa mesma universidade, com as respectivas teses: "Freud e o mal-estar na cultura" e "O discurso literário feminino e a escritura de Adélia Prado". É autora de *A máscara e o véu: o feminino e a escritura de Adélia Prado* (Rio de Janeiro: Relume Dumará, 2002). Coordena o Laboratório de Psicanálise da UFC e dirige o Corpo Freudiano de Fortaleza/Escola de Psicanálise.

E-mail: laeria@terra.com.br

Psicanálise **PASSO-A-PASSO**

- **O adolescente e o outro**
  Sonia Alberti
- **Mito e psicanálise**
  Ana Vicentini de Azevedo
- **Sonhos**
  Ana Costa
- **Édipo**
- **Psicanálise com crianças**
  Teresinha Costa
- **Freud: criador da psicanálise**
- **Lacan, o grande freudiano**
  Marco Antonio Coutinho Jorge e Nadiá Paulo Ferreira
- **A sublimação**
  Orlando Cruxên
- **Freud e a religião**
  Sérgio Nazar David
- **O conceito de sujeito**
  Luciano Elia
- **A teoria do amor**
  Nadiá Paulo Ferreira
- **Histeria: o caso Dora**
  Nadiá Paulo Ferreira e Marcus Alexandre Motta
- **A interpretação**
  Laéria Fontenele
- **Freud e a cultura**
  Betty Fuks
- **Política e psicanálise**
  Ricardo Goldenberg
- **A psicose**
  Andréa M.C. Guerra
- **Angústia**
  Sonia Leite
- **Linguagem e psicanálise**
  Leila Longo
- **Para que serve a psicanálise?**
- **A transferência**
  Denise Maurano
- **Depressão e melancolia**
  Urania Tourinho Peres
- **Feminino/masculino**
  Maria Cristina Poli
- **Os outros em Lacan**
  Antonio Quinet
- **A neurose obsessiva**
  Maria Anita Carneiro Ribeiro
- **Arte e psicanálise**
- **Cinema, imagem e psicanálise?**
  Tania Rivera
- **Trauma**
  Ana Maria Rudge
- **A paixão**
  Marcus André Vieira
- **Educação e psicanálise**
  Rinaldo Voltolini

